CALLWEY

W0107773

Sandra Schumann / Julia Schmidt

In **Hülle** und **Fülle**

50 PÄCKCHEN-REZEPTE

Fotografie: JUNI

CALLWEY

Inhalt

Die Rezepte

WINTER

Vorwort

In „Hülle und Fülle" ist unser zweiter Buchtitel, der im Callwey Verlag erscheint und in dem sich alles rund ums Kochen im Päckchen dreht. Neben interessanten, einfachen Rezepten war es uns besonders wichtig, das Buch visuell locker und modern zu gestalten, denn beim Päckchen-Kochen denkt wohl so mancher vielleicht an Altbackenes.

Und das haben die bunten Päckchen so gar nicht verdient, denn sie passen wunderbar in ein volles, zeitgemäßes Leben. Wer viel zu tun hat und trotzdem gern gut und gesund essen möchte, ist nämlich bei den Päckchen genau richtig. Schnell sind frische, saisonale Zutaten verpackt und garen dann im Ofen ganz allein vor sich hin. So bleibt Zeit, wichtige Anrufe zu erledigen, Gute-Nacht-Geschichten zu erfinden oder ein entspanntes Bad zu nehmen. Was eben gerade so ansteht.

Was wir an den Päckchen besonders schön fanden war, wie individuell man sie gestalten kann. Egal ob ihr es vegan, vegetarisch, mit Fleisch oder Fisch, süß oder salzig liebt – kein Problem. Gut verpackt bleiben Vitamine optimal erhalten, und die Aromen der Zutaten können sich bestens entfalten.

Wir haben unsere Päckchen bunt mit dem Besten aus Frühling, Sommer, Herbst und Winter gefüllt, mal mariniert, mal raffiniert oder auch ganz naturbelassen. Dabei haben wir vor allem Bio-Backpapier oder essbare Hüllen wie Blätterteig oder Kohlblätter verwendet.

Mit unseren Rezepten und Bildern möchten wir euch inspirieren, eure Lieblingszutaten einfach mal ins Päckchen zu packen. Entdeckt das tolle Aroma von im eigenen Saft gegarten Sommer-Beeren, die Einfachheit von Muscheln aus dem Backofen und vielem mehr. Und vor allem lasst es euch schmecken, genießt die bunte Auswahl quer durchs Jahr und die Extrazeit dank Mini-Kochaufwand und Abwasch-Ersparnis.

Julia & Sandra

Das Prinzip Päckchen

Warum gart man im Päckchen? Ganz einfach: Es geht schnell, ist dabei super gesund und spart eine Menge Abwasch. Wenn Obst, Gemüse, Fleisch und Fisch in Backpapier verpackt vor sich hingaren, bleiben Vitamine und Aroma wie beim Dampfgarer optimal erhalten. Im eigenen Saft gekochte Zutaten entfalten zudem ihr individuelles Aroma besonders gut. Anders als beim Braten, Rösten oder Frittieren wird kaum oder kein Fett benötigt, so bleiben die Päckchen leicht und bekömmlich.

Damit alle Zutaten im Päckchen zeitgleich gar sind, sollten ein paar Kleinigkeiten beachtet werden. Zutaten mit sehr unterschiedlichen Garzeiten sind für das Päckchen nicht besonders gut geeignet. Ansonsten sollten Zutaten, die länger brauchen, kleiner geschnitten werden als die, die schneller fertig sind. So können sie, gemeinsam verpackt, in den Backofen wandern.

Die Päckchen sollten bei ca. 200 Grad im Ofen zubereitet werden und gut verschlossen sein. Wichtig zu beachten ist, dass im Päckchen Gegartes oft nur wenige Röstaromen entwickelt. Wer Käse, Nüsse und Co. golden und knusprig mag, kann aber die Hülle vor Ende der Garzeit öffnen und ein wenig Grillzauber hineinlassen.

Geeignete Hüllen

Zum Einpacken der schmackhaften Päckchen eignen sich verschiedene Materialien. Einige wie das gute alte Backpapier sind recht einfach zu bekommen und andere wie etwa das Bananenblatt eher exotisch.

Ein paar Päckchenhüllen möchten wir euch hier kurz vorstellen.

BACKPAPIER

Nummer eins ist das schon erwähnte Backpapier. Es ist in fast jeder Küche vorhanden und sehr günstig. Je nach Falttechnik benötigt man zum Zusammenhalten der Päckchen eventuell noch Küchengarn oder einen Tacker. Backpapier gibt es auch in Bio-Qualität.

PFLANZENBLÄTTER

Pflanzenblätter wie Kohl-, Bananen- oder Salatblätter eignen sich ebenfalls als Verpackungen. Sie sind von Pflanze zu Pflanze etwas sensibler und halten eventuell nicht hundertprozentig dicht. Besonderer Vorteil ist allerdings: Die Verpackung kann mitgegessen werden, und der Müllberg bleibt klein.

YUFKA, BLÄTTERTEIG UND CO.

Yufka, Blätterteig und Co. sind ebenfalls Verpackungen, die mitgegessen werden können. Anders als bei den beiden vorangegangenen Verpackungen ist das Gargut nach dem Backen fest mit der Hülle verbunden.

REISPAPIER

Reispapier eignet sich für kalte, rohe Päckchen genauso wie für gedünstete, warme Varianten. Den Backofen mögen die hauchdünnen Papierchen allerdings nicht. Hier trocknen sie schnell aus. Damit die Papiere verarbeitet werden können, werden sie vorab in lauwarmes Wasser getaucht. Dann können sie gefüllt und gefaltet werden.

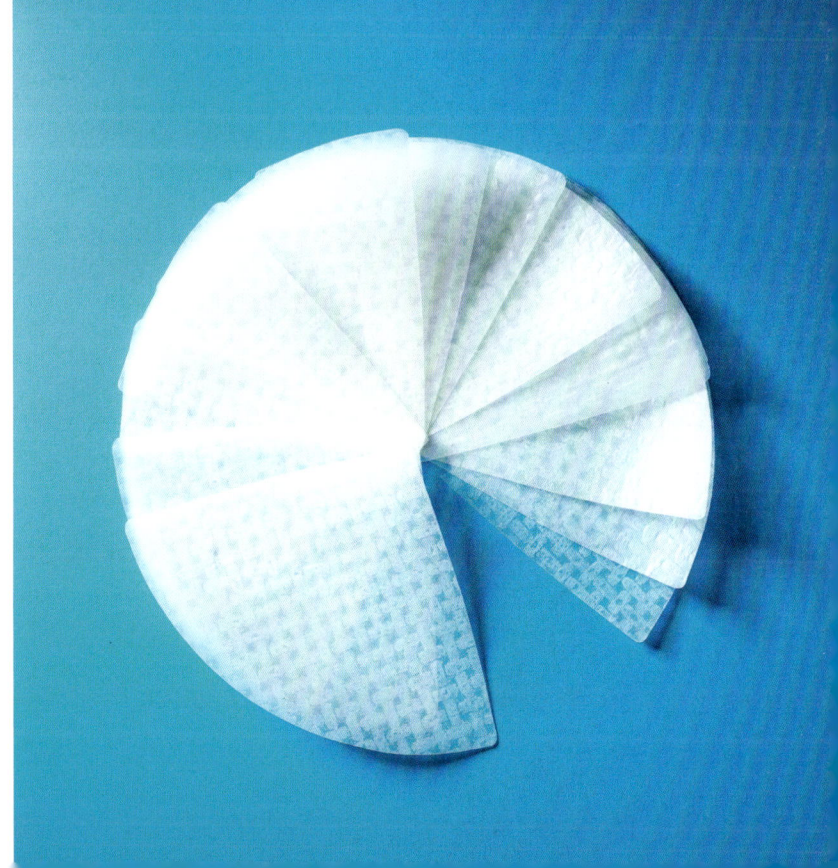

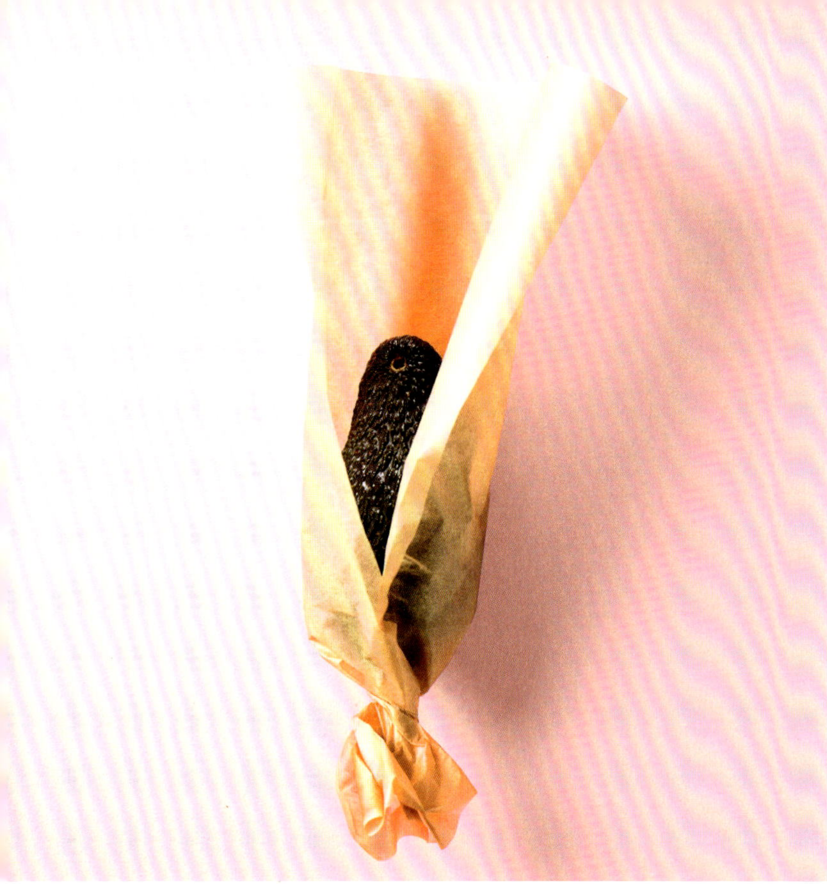
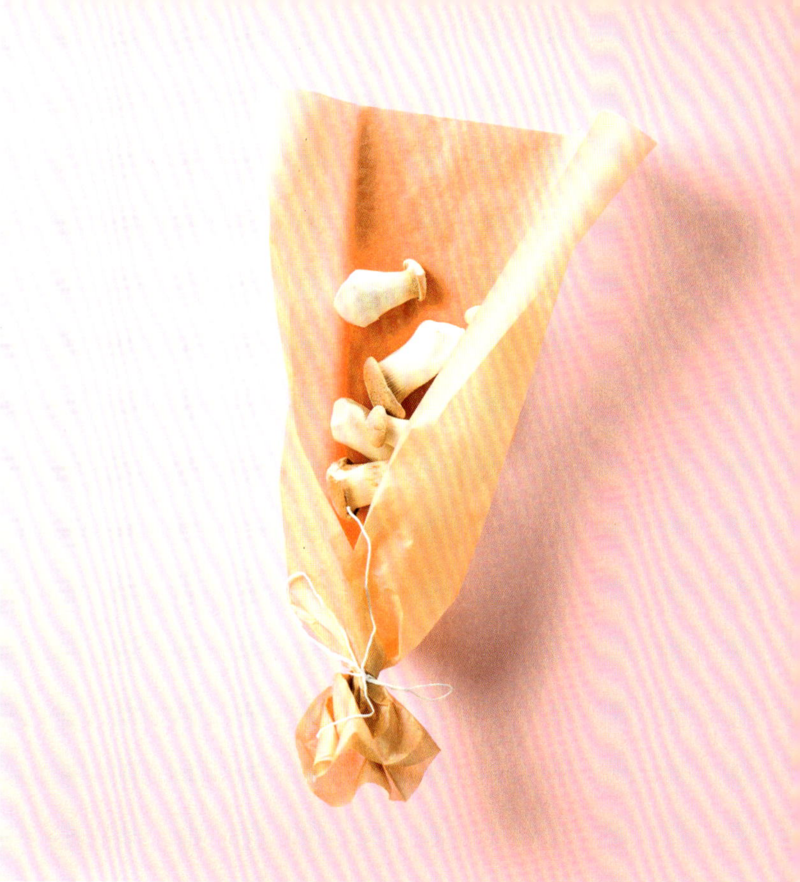
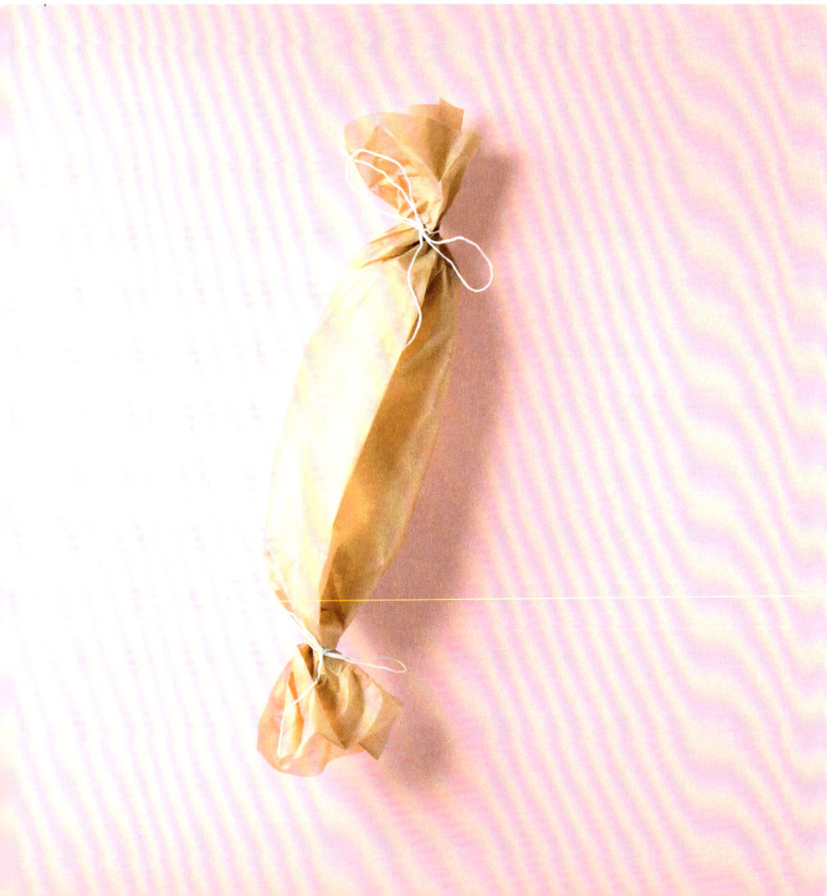
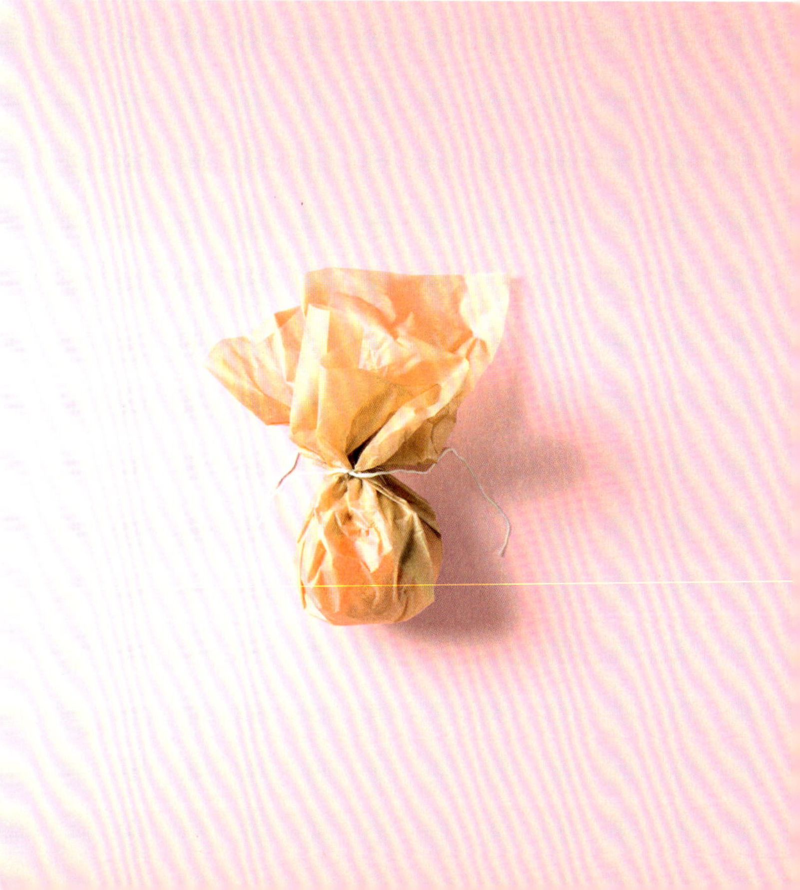

Falttechniken

Säckchen, Rolle oder Tasche – gefaltet werden kann je nach Geschmack und Geschick. Wichtig ist nur, dass die Päckchen möglichst fest verschlossen sind, damit die wertvollen Inhaltsstoffe während des Garens im Päckchen bleiben.

BONBON

Der Bonbon ist einer der Klassiker in der Päckchen-Küche. Das Gargut wird in die Mitte eines Backpapierbogens gelegt. Dann wird das Papier über dem Gargut zusammengefaltet und die beiden Seiten anschließend wie bei einem Bonbonpapier zusammengedreht. Ist das Päckchen besonders voll, kann ein Stück Küchengarn zum Verschließen der Enden hilfreich sein.

SÄCKCHEN

Das Säckchen eignet sich sehr gut für kleinere Garvor haben wie beispielsweise einen Apfel oder Mini-Blumenkohl. Dazu das Gemüseblatt oder den Backpapierbogen auslegen und die Zutaten in die Mitte legen. Die Seiten über den Zutaten zusammennehmen und mit einem Stuck Küchengarn verschnüren.

ESSBARE HÜLLEN

Vor allem essbare Hüllen aus Reispapier oder Salatblättern können einfach mit gut sichtbaren Spießen zusammengehalten werden oder, wenn möglich, mit Kräutern wie Schnittlauch verschnürt werden.

FRÜHLING

Gedünstete Radieschen
mit Estragonbutter

FÜR: 1 PERSON

Zubereitungszeit: 5 Min.
Koch-/Backzeit: 35 Min.

1 Bund Radieschen

25 g Butter

5 Stängel Estragon

Salz, Pfeffer

1 Bogen Backpapier

Küchengarn

TIPP

Radieschenblätter kann man essen. Sie enthalten ähnliche Inhaltsstoffe wie die Wurzeln und sind somit super gesund.

ZUBEREITUNG

• 1 •
Den Backofen auf 200 °C (Ober-/Unterhitze) vorheizen.

• 2 •
Die Radieschen waschen und putzen. Dazu die Wurzelenden und Blätter abschneiden, welke Blätter entfernen und die übrigen Blätter beiseitelegen. Die Radieschen je nach Größe halbieren oder vierteln.

• 3 •
Die Radieschen in die Mitte des Backpapiers legen und die Butter in kleinen Würfeln darauf verteilen. Estragonblättchen von den Stängeln zupfen, auf den Radieschen verteilen und mit Salz und Pfeffer würzen.

• 4 •
Das Backpapier zu einem Päckchen verschließen und im Ofen (Mitte) 35 Minuten backen. Das Päckchen öffnen und die Radieschenblätter vor dem Servieren untermischen.

Grüner Spargel
mit Zitronen-Burrata

FÜR: 1-2 PERSONEN

Zubereitungszeit: 5 Min.
Koch-/Backzeit: 15 Min.

175 g grüner Spargel

1 Kugel Burrata (ca. 100 g)

1 unbehandelte Zitrone

1 EL Olivenöl

1 kleine, rote Chili

1 Bogen Backpapier

WENIGE ZUTATEN

ZUBEREITUNG

•1•
Den Backofen auf 200 °C (Ober-/Unterhitze) vorheizen.
Den Spargel waschen und die holzigen Enden entfernen.

•2•
Den Spargel in die Mitte des Backpapiers legen und die
Burrata in der Mitte darauf platzieren. Die Zitronen-
schale abreiben und auf Spargel und Burrata verteilen.
Das Olivenöl darüberträufeln und die Chili in dünne
Ringe schneiden.

•3•
Je nach Geschmack ein paar Chiliringe auf dem Spargel
verteilen und das Backpapier zu einem Bonbon zusammenfalten. Im Ofen (Mitte) 15 Minuten backen.

INFO

Die Burrata ist eine Sonderform des Mozzarellas und
wird überwiegend aus Kuhmilch, selten aus Büffel-
milch hergestellt.

Venusmuscheln
in Knoblauch-Weißwein-Sauce

FÜR: 2 PERSONEN

Zubereitungszeit: 10 Min.
Koch-/Backzeit: 15-20 Min.

500 g Venusmuscheln

1 kleine Zwiebel

2 Knoblauchzehen

4 Stängel Petersilie

1 Stange Staudensellerie

Salz, Pfeffer

200 ml Weißwein

1 EL Olivenöl

½ Zitrone

1 Bogen Backpapier

Küchengarn

ZUBEREITUNG

•1•
Den Backofen auf 200 °C (Ober-/Unterhitze) vorheizen. Die Venusmuscheln in kaltem Wasser gründlich waschen. Offene oder beschädigte Muscheln aussortieren.

•2•
Zwiebel und Knoblauch schälen und würfeln. Petersilie und Sellerie waschen. Die Petersilie grob hacken und den Sellerie in Stücke teilen.

•3•
Das Gemüse und die Venusmuscheln in die Mitte des Backpapiers geben und mit Salz und Pfeffer würzen. Das Papier zu einem Päckchen zusammennehmen, Weißwein und Olivenöl hineingießen und das Päckchen zubinden.

•4•
Das Päckchen im Ofen (Mitte) 15–20 Minuten garen, bis die Muscheln geöffnet sind. Mit Zitronensaft, Salz und Pfeffer abschmecken.

Junge Kartoffeln
mit dicken Bohnen, Zitrone und Minze

FÜR: 2 PERSONEN

Zubereitungszeit: 10 Min.
Koch-/Backzeit: 30 Min.

450 g junge Kartoffeln

600 g frische, dicke Bohnen

1 Handvoll frische Minze

1 unbehandelte Zitrone

3 EL Olivenöl

Salz, Pfeffer

2 Bögen Backpapier

Küchengarn

ZUBEREITUNG

•1•
Den Backofen auf 200 °C (Umluft) vorheizen. Die Kartoffeln waschen und je nach Größe halbieren oder vierteln. Die Bohnen aus den Schalen lösen. Die Minze waschen, trocken schütteln und grob hacken.

•2•
Die beiden Backpapierbögen auslegen und Kartoffeln und Bohnen in der Mitte verteilen. Den Schalenabrieb der Zitrone hinzufügen und je Päckchen einen Esslöffel Zitronensaft, die Hälfte des Olivenöls und die Hälfte der gehackten Minze dazugeben.

•3•
Mit Salz und Pfeffer würzen und die Päckchen mit Küchengarn verschließen. Die Päckchen auf ein Backblech legen und ca. 30 Minuten im Ofen garen.

TIPP
Dicke Bohnen sind nicht immer leicht zu bekommen. Erbsen oder junge grüne Bohnen sind ein guter Ersatz.

Regenbogenforelle
mit Erdbeeren, Basilikum und Pfeffer

FÜR: 1-2 PERSONEN

Zubereitungszeit: 10 Min.
Koch-/Backzeit: 15 Min.

1 Regenbogenforellen-Filet (300 g)

150 g Erdbeeren

1 EL Olivenöl

1 TL frisch gemahlener Pfeffer

Salz

5 Stängel Basilikum

1 Bogen Backpapier

ZUBEREITUNG

· 1 ·

Den Backofen auf 200 °C (Ober-/Unterhitze) vorheizen. Das Fischfilet waschen, trocken tupfen und in die Mitte des Backpapiers legen. Die Erdbeeren waschen, entkelchen und in Scheiben teilen.

· 2 ·

Die Erdbeeren, das Olivenöl und den Pfeffer auf dem Filet verteilen, mit Salz würzen und das Backpapier zu einem Bonbon zusammendrehen. Im Ofen (Mitte) 15 Minuten backen.

· 3 ·

Das Basilikum waschen, trocken schütteln und grob hacken. Das Forellen-Päckchen aus dem Ofen nehmen und das Basilikum darauf verteilen.

Rezept **FRÜHLING**

Salat-Lachs-Päckchen
mit Schafsmilchjoghurt und Chili

FÜR: 2 PERSONEN

Zubereitungszeit: 15 Min.
Koch-/Backzeit: entfällt

1 rote Chili

25 g Schnittlauch

200 g Schafsmilchjoghurt

Salz

2 Mini-Gurken (ca. 200 g)

6 Kopfsalatblätter

100 g Räucherlachs

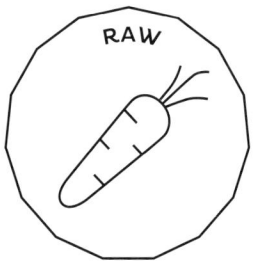

ZUBEREITUNG

• 1 •
Das Gemüse waschen und trocknen. Die Chili längs halbieren, die Kerne entfernen und in feine Ringe schneiden.

• 2 •
Den Schnittlauch in kleine Röllchen teilen und mit den Chiliringen unter den Joghurt mischen. Mit Salz abschmecken. Die Gurken mit einem Gemüseschäler längs in dünne Streifen schneiden.

• 3 •
Die Salatblätter nebeneinander auslegen und den Joghurt darauf verteilen. Den Lachs und die Gurkenstreifen darauflegen. Die Salatblätter mithilfe des Schnittlauchs zu Päckchen verschnüren.

Dill-Omelette-Päckchen
mit Sauerrahm und Nordseekrabben

FÜR: 2 PERSONEN

Zubereitungszeit: 10 Min.
Koch-/Backzeit: 15 Min.

25 g Dill

6 Eier (Größe M)

Salz, Pfeffer

15 g Butter

100 g Frischkäse

**100 g Nordseekrabben
(ersatzweise Pacific Garnelen,
geschält und gekocht)**

Küchengarn

ZUBEREITUNG

·1·
Den Dill waschen, trocken schütteln und fein hacken.
Die Eier aufschlagen und verquirlen, Dill hinzufügen
und mit Salz und Pfeffer würzen.

·2·
Die Hälfte der Butter in einer Pfanne (ca. 22 cm Durch-
messer) zerlassen und aus der Hälfte der Ei-Mischung
ein leicht gebräuntes Omelette braten. Das Omelette aus
der Pfanne nehmen und beiseitestellen. Mit der übrigen
Butter und Ei-Mischung ein zweites Omelette braten.

·3·
Die Omelettes mit je der Hälfte Frischkäse und Krab-
ben füllen und zu Päckchen zusammenbinden. Beide
Päckchen erneut 3–5 Minuten bei schwacher bis mittlerer
Hitze in der Pfanne anbraten.

Garnelen-Päckchen
mit roten Linsen und Knackerbsen

FÜR: 2 PERSONEN

Zubereitungszeit: 10 Min.
Koch-/Backzeit: 25 Min.

2 Stangen Zitronengras

1 daumengroßes Stück Ingwer

100 g Knackerbsen

400 ml Kokosmilch

4 TL Currypulver

110 g rote Linsen

250 g Garnelen
(8 Riesengarnelen, küchenfertig)

2 Bögen Backpapier

Küchengarn

ZUBEREITUNG

• 1 •
Den Backofen auf 200 °C (Ober-/Unterhitze) vorheizen. Das Zitronengras halbieren und den Ingwer in Scheiben schneiden. Die Knackerbsen waschen und halbieren.

• 2 •
Die Kokosmilch kurz aufkochen und das Currypulver einrühren. Die beiden Backpapierbögen nebeneinander legen und die Linsen in die Mitte geben. Gemüse und Garnelen darauf verteilen und die Backpapiere zu Säckchen zusammennehmen. Die Kokosmilch vorsichtig hineingießen und die Säckchen mit dem Garn verschließen.

• 3 •
Im Ofen (Mitte) 25 Minuten backen.

TIPP

Knackerbsen sind eine Kreuzung aus Gartenerbsen und Zuckererbsen. Sie sind in den meisten Supermärkten erhältlich.

Lauch-Päckchen
mit Champignons und Thymian

FÜR: 2 PERSONEN

Zubereitungszeit: 15 Min.
Koch-/Backzeit: 25-30 Min.

250 g braune Champignons

1 Knoblauchzehe

1 mittelgroße Schalotte

1 große Stange Lauch

4 Stängel Thymian

30 g Butter

Salz, Pfeffer

2 Bögen Backpapier

Küchengarn

ZUBEREITUNG

• 1 •
Den Backofen auf 200 °C (Ober-/Unterhitze) vorheizen. Die Champignons putzen und in Scheiben schneiden. Knoblauch und Schalotte schälen und fein würfeln.

• 2 •
Den Lauch längs in Streifen schneiden, waschen und trocknen. Die Streifen miteinander verweben, sodass zwei etwa A4-große (20 x 30 cm) Lauch-Gitter entstehen.

• 3 •
In die Mitte je die Hälfte der Champignons, Schalotten- und Knoblauchwürfel geben. Thymian und Butter darauf verteilen und mit Salz und Pfeffer würzen.

• 4 •
Die Lauchenden zusammennehmen und jedes Lauchpäckchen in Backpapier einwickeln und mit Garn verschließen. Im Ofen (Mitte) 25 bis 30 Minuten backen.

Hähnchenbrust
mit Brokkoli und Kräuterjoghurt

FÜR: 1 PERSON

Zubereitungszeit: 10 Min.
Koch-/Backzeit: 15-20 Min.

150 g Kohlrabi

120 g Brokkoli

50 g Knackerbsen

1 Hähnchenbrustfilet

Salz, Pfeffer

20 g Kräuter z. B. Minze, Schnittlauch

125 g griechischer Joghurt

1 Bogen Backpapier

ZUBEREITUNG

·1·
Den Backofen auf 180 °C (Ober-/Unterhitze) vorheizen. Das Gemüse waschen, den Kohlrabi schälen und in Streifen schneiden. Den Brokkoli in Röschen teilen und die Knackerbsen je nach Größe halbieren.

·2·
Das Gemüse in die Mitte des Backpapiers geben und 2 EL Wasser darauf verteilen. Das Hähnchenbrustfilet darauflegen und mit Salz und Pfeffer würzen.

·3·
Das Backpapier zu einem Bonbon zusammenfalten und im Ofen (Mitte) 15–20 Minuten backen. In der Zwischenzeit die Kräuter waschen, trocknen und fein hacken. Die Kräuter mit dem Joghurt vermischen und mit Salz und Pfeffer würzen. Päckchen mit Dip servieren.

Zucchini-Zoodels
in Bärlauch-Kokos-Sauce

FÜR: 1 PERSON

Zubereitungszeit: 10 Min.
Koch-/Backzeit: 15-20 Min.

250 g Zucchini

100 ml Kokoscreme

25 g Bärlauch

40 ml Orangensaft

Salz

1 kleine, rote Chili, nach Belieben

1 Bananenblatt

ZUBEREITUNG

•1•

Den Backofen auf 180 °C (Ober-/Unterhitze) vorheizen.
Zucchini waschen und mit dem Spiralschneider in
Zoodels schneiden. Kokoscreme, Bärlauch und Orangen-
saft in einem Topf aufkochen und mit Salz abschmecken.

•2•

Das Bananenblatt zusammengefaltet in eine Auflaufform
legen. Die Zoodels daraufgeben und die Kokossauce mit
einem Löffel darüber verteilen, bis die Zoodels bedeckt
sind. Je nach Geschmack mit ein paar Chiliringen belegen. Das Bananenblatt zu einem Päckchen zusammen-
schlagen und im Ofen (Mitte) 15–20 Minuten backen.

TIPP ───────────────────────────

Bananenblätter brechen schnell und sind dann nicht
mehr dicht. Die Blätter geben aber trotzdem einen
tollen Geschmack. Man kann sie auch auf Backpapier
legen, dann Päckchen formen und im Ofen garen.

Rhabarber-Päckchen
mit Vanillesauce

FÜR: 2 PERSONEN

Zubereitungszeit: 15 Min.
Koch-/Backzeit: 35 Min.

400 g Rhabarber

3 Pck. Vanillezucker

50 g Zucker

3 Eigelb (Größe M)

125 ml Milch

125 g Sahne

1 Bogen Backpapier

TIPP

Noch schneller und einfacher als
Vanillesauce lässt sich Vanillequark
zubereiten: 200 g Speisequark mit
2 Päckchen Vanillezucker und 50 ml
Milch verrühren – fertig.

ZUBEREITUNG

•1•
Den Backofen auf 200 °C (Ober-/Unterhitze) vorheizen.
Den Rhabarber waschen, putzen und in kleine Stücke
teilen. Mit 2 Päckchen Vanillezucker und der Hälfte
des Zuckers in die Mitte des Backpapiers geben und zu
einem Bonbon zusammendrehen.

•2•
Im Ofen (Mitte) 35 Minuten backen. In der Zeit den
übrigen Vanillezucker, Zucker und die Eigelbe verrühren. Milch und Sahne in einem Topf zum Kochen bringen.

•3•
Ein Drittel der heißen Milch über die Ei-Zucker-
Mischung gießen und mit einem Schneebesen verrühren. Alles zur übrigen Milch in den Topf geben und
bei mittlerer Hitze unter Rühren kochen, bis die Sauce
angedickt ist.

•4•
Rhabarber-Päckchen mit der Vanillesauce servieren.

SOMMER

Spargel-Ei-Päckchen
mit Haselnussbutter

FÜR: 2 PERSONEN

Zubereitungszeit: 25 Min.
Koch-/Backzeit: 25 Min.

12 Stangen weißer Spargel

30 g Butter

2 TL Haselnusskrokant

1 Prise Salz

1 Prise Zucker

2 Eier (Größe M)

2 Bögen Backpapier

ZUBEREITUNG

• 1 •

Den Backofen auf 200 °C (Ober-/Unterhitze) vorheizen.

• 2 •

Den Spargel mit einem Sparschäler schälen und die holzigen Enden abtrennen. Je 6 Spargelstangen auf einen Bogen Backpapier geben, Butter, Haselnusskrokant, Salz und Zucker darauf verteilen. Das Backpapier über dem Spargel zusammennehmen und die Enden zusammendrehen.

• 3 •

Die Päckchen im Ofen (Mitte) 20 Minuten backen. Beide Päckchen öffnen, je ein Ei aufschlagen und hineingeben. Offen weitere 5 Minuten im Ofen backen.

TIPP

Für mich eine der besten Methoden, Spargel zu kochen – mit und ohne Ei. Das zarte Aroma kommt so voll zur Geltung und wird nicht verwässert. Eine Prise Salz und Zucker sollten nicht fehlen.

Regenbogen-Päckchen
mit Limetten-Tahini-Dip

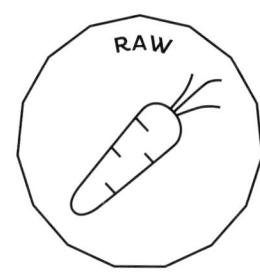

RAW

FÜR: 1-2 PERSONEN

Zubereitungszeit: 10 Min.
Koch-/Backzeit: entfällt

1 orangefarbene Paprika

6 Radieschen

½ Salatgurke

100 g Tofu

8 große Salatblätter

75 g Joghurt

3 EL Limettensaft

50 g Tahini

½ Knoblauchzehe

6 Stängel Bergkoriander
(ersatzweise Koriander)

1 Prise Salz

Küchengarn

ZUBEREITUNG

•1•
Das Gemüse waschen und trocknen. Die Paprika halbieren, das Kerngehäuse entfernen und längs in Streifen schneiden. Die Radieschen in dünne Scheiben schneiden. Die Salatgurke und den Tofu längs in schmale Streifen teilen.

•2•
Die Salatblätter waschen, trocknen, mit dem Gemüse belegen und mit Küchengarn zu Päckchen zusammenbinden.

•3•
Für den Dip Joghurt, Limettensaft und Tahini vermischen. Den Knoblauch schälen, durch die Presse drücken und den Koriander fein hacken. Beides zum Joghurt geben, untermischen und mit Salz abschmecken.

•4•
Die bunten Rollen mit dem Dip servieren.

INFO

Tahini ist eine Paste aus feingemahlenen Sesamkörnern, die aus der arabischen Küche stammt.

Nudel-Päckchen
mit Zucchini-Ricotta-Füllung

FÜR: 2 PERSONEN

Zubereitungszeit: 45 Min.
Koch-/Backzeit: 5 Min.

2 Eier (Größe M)

200 g Mehl (Type 405)

Salz

200 g Zucchini

250 g Ricotta

Schalenabrieb einer unbehandelten Zitrone

1 Prise Chiliflocken

6 Zweige Thymian

50 g Butter

ZUBEREITUNG

• 1 •

Für den Nudelteig Eier, Mehl und eine Prise Salz in einer Schüssel vermengen und zu einem Teig verkneten. Den Teig zu einer Kugel rollen und 20 Minuten gekühlt ruhen lassen. In der Zwischenzeit die Zucchini waschen, trocknen und auf der groben Seite der Küchenreibe raspeln.

• 2 •

Zucchiniraspel mit Ricotta, Zitronenschale und Chiliflocken vermengen. Die Thymianblättchen von den Zweigen streifen und mit etwas Salz zur Ricotta-Mischung geben.

• 3 •

Den Nudelteig mit einem Nudelholz oder einer Pasta-Maschine dünn ausrollen. 8 Streifen zuschneiden und die Ricotta-Füllung auf jeweils einer Hälfte der Streifen verteilen. Die nicht befüllte Hälfte überschlagen und die Nudelpäckchen rundherum zusammendrücken.

• 4 •

Salzwasser zum Kochen bringen und die Päckchen darin köcheln, bis sie hochsteigen. Dann das Wasser abgießen. Die Butter in einer Pfanne goldbraun braten, die Nudel-Päckchen damit beträufeln und servieren.

Mangold-Päckchen
mit weißen Bohnen, Feta und Petersilie

FÜR: 2 PERSONEN

Zubereitungszeit: 15 Min.
Kochzeit/Backzeit: 15 Min.

1 Dose weiße Riesenbohnen (400 g)

3 Stängel Petersilie

1 Knoblauchzehe

1 Prise Salz

½ TL Chiliflocken

6 große Mangoldblätter

1 EL Olivenöl

50 g Feta

ZUBEREITUNG

• 1 •
Den Backofen auf 160 °C (Ober-/Unterhitze) vorheizen. Die Bohnen abtropfen lassen und dann mit der Petersilie, der geschälten Knoblauchzehe, einer Prise Salz und den Chiliflocken im Blitzhacker pürieren.

• 2 •
Die Mangoldblätter waschen, die Stiele abschneiden und die Blätter mit Olivenöl einreiben. Die Stiele in dünne Streifen schneiden. Auf jedes Blatt einen Teil der Bohnenmischung und ein Stückchen Feta geben, zusammenfalten und mit den Stielen zusammenbinden.

• 3 •
Die Mangold-Päckchen in eine Auflaufform geben und mit dem übrigen Olivenöl beträufeln. Im Ofen (Mitte) 15 Minuten backen.

Sommer-Ratatouille

FÜR: 1 PERSON

Zubereitungszeit: 10 Min.
Koch-/Backzeit: 30 Min.

75 g Aubergine

120 g Zucchini

1 Knoblauchzehe

1 Schalotte

150 g bunte Kirschtomaten

3 Stängel Thymian

Salz, Pfeffer

2 EL Olivenöl

1 Bogen Backpapier

Küchengarn

ZUBEREITUNG

•1•
Den Backofen auf 200 °C (Ober-/Unterhitze) vorheizen.

•2•
Das Gemüse waschen. Aubergine und Zucchini in dünne Scheiben oder Würfel schneiden. Knoblauch und Schalotte schälen und fein würfeln. Die Tomaten halbieren.

•3•
Das Gemüse auf das Backpapier geben. Thymian, Salz, Pfeffer und Olivenöl darauf verteilen und das Backpapier zu einem Päckchen verschließen. Im Ofen (Mitte) 30 Minuten backen.

Yufka-Päckchen
mit Hackfleisch und Tomate

TO-GO

FÜR: 2 PERSONEN

Zubereitungszeit: 15 Min.
Koch-/Backzeit: 40 Min.

200 g Mischhack

1 Schalotte

1 kleine Knoblauchzehe

½ TL Kümmel

Salz

Schalenabrieb 1 unbehandelten Zitrone

2 Tomaten

8 Yufka-Blätter (ca. 15 x 15 cm)

1 EL Olivenöl

50 g Joghurt

1 Prise Chilipulver

3 Stiele Petersilie

ZUBEREITUNG

•1•
Den Backofen auf 200 °C (Ober-/Unterhitze) vorheizen. Das Hackfleisch in eine Schüssel geben. Schalotte und Knoblauch schälen und sehr fein würfeln. Beides mit Kümmel, Salz und dem Zitronenschalenabrieb zum Hackfleisch geben.

•2•
Eine Tomate waschen, den Strunk entfernen und in kleine Stücke teilen. Die Tomatenstücke unter das Hackfleisch mischen. Je eine kleine Fleischportion in die Mitte der Yufka-Blätter geben und zusammenfalten. Die Päckchen in eine Auflaufform setzen, mit dem Olivenöl beträufeln und im Ofen (Mitte) 40 Minuten backen.

•3•
In der Zwischenzeit die zweite Tomate auf der feinen Seite der Küchenreibe reiben und mit dem Joghurt, einer Prise Salz und Chili vermengen. Die Petersilie waschen, trocken schütteln, fein hacken und über die Joghurt-Sauce streuen.

Fruchtiger Sommer
im Reis-Päckchen

FÜR: 12 PÄCKCHEN

Zubereitungszeit: 20 Min.
Koch-/Backzeit: entfällt

650 g Wassermelone

½ Mango

200 g Erdbeeren

12 Reisblätter

1 unbehandelte Limette

1 Stängel Minze

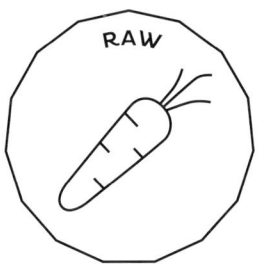

ZUBEREITUNG

•1•
Wassermelone und Mango schälen und in Streifen teilen. Die Erdbeeren waschen, entkelchen und in Scheiben schneiden.

•2•
Die Reisblätter nacheinander in lauwarmes Wasser tauchen, bis sie weich sind. Auf einer Arbeitsplatte ausbreiten und mit dem Obst belegen. Das Reispapier zu Päckchen verschließen.

•3•
Die Schale der Limette abreiben, die Minze waschen, trocken schütteln und die Blättchen abstreifen.

•4•
Limettenschalenabrieb und Minzblättchen auf den Reis-Päckchen verteilen und hineinbeißen.

TIPP ——————————————————

Reisblätter kann man auch bunt einfärben. Dazu etwas Lebensmittelfarbe in lauwarmem Wasser auflösen und die Blätter wie gewohnt verarbeiten.

Blätterteig-Päckchen
mit Erdbeerquark

FÜR: 4 PERSONEN

Zubereitungszeit: 10 Min.
Koch-/Backzeit: 35 Min.

250 g Speisequark (20 % Fett)

20 g Weichweizengrieß

50 g Zucker

1 Eigelb (Größe M)

200 g Erdbeeren

1 Rolle Blätterteig
(275 g, aus dem Kühlregal)

10 g Butter

1 EL Zucker

1 Bogen Backpapier

ZUBEREITUNG

•1•
Den Backofen auf 200 °C (Ober-/Unterhitze) vorheizen und ein Backblech mit Backpapier auslegen. Den Quark mit Grieß, Zucker und dem Eigelb verrühren.

•2•
Die Erdbeeren waschen, entkelchen und in kleine Stücke teilen. Die Erdbeeren mit dem Quark vermengen. Den Blätterteig ausrollen und in 4 Teile teilen. Den Erdbeerquark auf eine Hälfte der Blätterteigstücke geben, einen kleinen Rand frei lassen und die zweite Hälfte darüberschlagen.

•3•
Die Ränder fest zusammendrücken. Auf jedes Blätterteig-Stück ein wenig Butter und Zucker geben und im Ofen (Mitte) 35 Minuten goldbraun backen.

Himbeer-Vanillereis-
Päckchen

FÜR: 1 PERSON

Zubereitungszeit: 10 Min.
Koch-/Backzeit: 35 Min.

1 Vanilleschote

350 ml Milch

3 EL Zucker

65 g Milchreis

100 g Himbeeren

2 Bögen Backpapier

Küchengarn

WENIGE ZUTATEN

ZUBEREITUNG

• 1 •
Den Backofen auf 200 °C (Ober-/Unterhitze) vorheizen.
Die Vanilleschote längs halbieren und das Mark heraus-
kratzen. Vanilleschote und -mark mit der Milch und dem
Zucker kurz aufkochen.

• 2 •
Die Backpapierbögen übereinanderlegen und eine
mittelgroße Schüssel damit auslegen. Den Reis und die
Hälfte der Himbeeren in die Mitte geben und die Milch
langsam einfüllen.

• 3 •
Das Backpapier vorsichtig zusammennehmen und zu
einem Bonbon verschnüren. Aus der Schüssel nehmen
und im Ofen (Mitte) 35 Minuten backen.

• 4 •
Das Päckchen aus dem Ofen nehmen und die Vanilleschote entfernen. Den Reis mit den Beeren vermengen
und die übrigen frischen Beeren darauf verteilen.

Pflaumen-Päckchen
mit Piment, Joghurt und gebrannten Mandeln

FÜR: 1–2 PERSONEN

Zubereitungszeit: 5 Min.
Koch-/Backzeit: 20 Min.

350 g Pflaumen

3 EL Zucker

½ TL Zimtpulver

1 TL Pimentkörner

50 g gebrannte Mandeln

4 EL griechischer Joghurt

1 Bogen Backpapier

ZUBEREITUNG

•1•
Den Backofen auf 200 °C (Ober-/Unterhitze) vorheizen. Die Pflaumen waschen, entsteinen und in Stücke teilen. Die Pflaumenstücke in die Mitte des Backpapiers legen und Zucker und Zimt darüberstreuen. Die Pimentkörner darauf verteilen und das Papier zu einem Bonbon zusammendrehen.

•2•
Im Ofen (Mitte) 20 Minuten backen. Die gebrannten Mandeln grob hacken. Das Päckchen aus dem Ofen nehmen und mit Joghurt und Mandeln servieren.

TIPP

Statt gebrannter Mandeln kann man auch ein knuspriges Granola über den Joghurt krümeln.

Bergpfirsich-Lavendel-Päckchen mit Salz-Karamell-Mandeln

FÜR: 2 PERSONEN

Zubereitungszeit: 5 Min.
Koch-/Backzeit: 30 Min.

4 Bergpfirsiche

2 EL Honig

4–5 Stiele Schopf-Lavendel

3 EL Zucker

40 g Mandeln

1 Prise Salz

2 Bögen Backpapier

WENIGE ZUTATEN

ZUBEREITUNG

• 1 •
Den Backofen auf 200 °C (Ober-/Unterhitze) vorheizen. Die Pfirsiche waschen, die Steine entfernen und das Fruchtfleisch in Stücke teilen. Die Pfirsichstücke auf den Backpapierbögen verteilen, den Honig darüberträufeln und mit den Lavendelstielen garnieren.

• 2 •
Die Backpapiere verschließen und die Päckchen im Ofen (Mitte) 30 Minuten backen.

• 3 •
In der Zwischenzeit Zucker in einer Pfanne karamellisieren. Die Mandeln und eine Prise Salz hineingeben und mit dem Karamell vermengen. Auf ein Brettchen geben, abkühlen lassen und mit einem Messer grob in Stücke hacken.

Piña-Colada-Päckchen
mit Bounty

FÜR: 1 PERSON

Zubereitungszeit: 5 Min.
Koch-/Backzeit: 20 Min.

¼ **Ananas**

5 EL **Rum**

1 Riegel **Bounty**

1 Bogen **Backpapier**

ZUBEREITUNG

•1•

Den Backofen auf 180 °C (Ober-/Unterhitze) vorheizen. Die Schale und den harten Strunk der Ananas abtrennen und das Fruchtfleisch in Stücke schneiden.

•2•

Die Ananasstücke in die Mitte des Backpapiers geben und den Rum hinzufügen. Zu einem Säckchen zusammennehmen und im Ofen (Mitte) 15 Minuten backen.

•3•

Den Bounty-Riegel in kleine Stücke teilen. Das Säckchen im Ofen an der Oberseite etwas öffnen, die Bounty-Stücke hineingeben und weitere 5 Minuten backen.

TIPP ——————————————

Wer kein Bounty zur Hand hat, kann auch Schokolade und Kokosraspeln verwenden oder das fertige Ananas-Päckchen mit Vanille-Eis servieren.

Beeren-Päckchen
mit Zitronencreme

FÜR: 1-2 PERSONEN

Zubereitungszeit: 5 Min.
Koch-/Backzeit: 10 Min.

125 g Blaubeeren

125 g Himbeeren

3 EL Ahornsirup

100 g Speisequark (20 % Fett)

75 g griechischer Joghurt

1 Pck. Vanillezucker

1 unbehandelte Zitrone

1 Zweig frische Minze

1 Bogen Backpapier

Küchengarn

ZUBEREITUNG

•1•
Den Backofen auf 180 °C (Ober-/Unterhitze) vorheizen. Die Beeren waschen, trocken tupfen und in die Mitte des Backpapiers legen. Mit 1 Esslöffel Ahornsirup beträufeln. Das Papier zu einem Säckchen verschnüren und im Ofen (Mitte) 10 Minuten backen.

•2•
In der Zwischenzeit den übrigen Ahornsirup mit Quark, Joghurt, Vanillezucker und dem Schalenabrieb der Zitrone sowie 2–3 Esslöffeln Zitronensaft verrühren.

•3•
Das Beeren-Päckchen aus dem Ofen nehmen und mit der Zitronencreme und frischer Minze servieren.

TIPP ───────────

Auch Stachelbeeren, Johannisbeeren und Erdbeeren eignen sich super für dieses Rezept.

Schoko-
Bananen-Päckchen

FÜR: 1 PERSON

Zubereitungszeit: 5 Min.
Koch-/Backzeit: 10 Min.

1 Banane

6 kleine Stücke Schokolade (ca. 25 g)

1 Bogen Backpapier

WENIGE ZUTATEN

ZUBEREITUNG

• 1 •
Den Backofen auf 180 °C (Ober-/Unterhitze) vorheizen.

• 2 •
Die Banane an einer Seite der Länge nach einschneiden. Die Schokolade in Stücke teilen und entlang des Schnitts in die Banane stecken.

• 3 •
Die Banane in Backpapier einwickeln und im Ofen (Mitte) 10 Minuten backen.

TIPP ————————————————————

Auch ein tolles Rezept für den Grill.

Rote-Bete-Päckchen
mit Krokant und Feta

FÜR: 2 PERSONEN

Zubereitungszeit: 5 Min.
Koch-/Backzeit: 60 Min.

8 kleine Knollen Rote Bete

2 Knoblauchzehen

6 Zweige Thymian

2 EL Olivenöl

2 EL Balsamico-Essig

Salz, Pfeffer

120 g Feta

2 EL Krokant

1 Bogen Backpapier

Küchengarn

ZUBEREITUNG

• 1 •
Den Backofen auf 180 °C (Umluft) vorheizen. Die Rote-Bete-Knollen waschen und schälen.

• 2 •
Das Backpapier ausbreiten und die Knollen in die Mitte legen. Die Knoblauchzehen ungeschält mit dem Messerrücken andrücken und zur Roten Bete geben.

• 3 •
4 Thymianzweige, Olivenöl und Balsamico-Essig darauf verteilen und mit Salz und Pfeffer würzen. Das Backpapier zu einem Bonbon zusammennehmen, mit Küchengarn verschließen und im Ofen (Mitte) 1 Stunde garen.

• 4 •
Das Päckchen aus dem Backofen nehmen und öffnen. Den Feta, grob zerkrümelt, darübergeben und mit Krokant und den übrigen Thymianblättchen bestreuen.

Rezept **HERBST**

Rohe Zucchini-Päckchen
mit Feta und Petersilienöl

FÜR: 2 PERSONEN

Zubereitungszeit: 10 Min.
Koch-/Backzeit: entfällt

1 mittelgroße Zucchini

125 g Feta

6 Stängel Petersilie

1 Knoblauchzehe

1 Prise Salz

4 EL Olivenöl

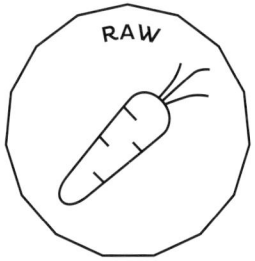

ZUBEREITUNG

•1•
Die Zucchini waschen, trocknen und mit einem Gemüseschäler längs in dünne Streifen schneiden. Je zwei bis drei Zucchini-Streifen überlappend nebeneinanderlegen.

•2•
Den Feta in 8 Portionen teilen und je einen Feta-Block in die Zucchini-Streifen einschlagen.

•3•
Die Petersilie waschen und trocken schütteln. Den Knoblauch schälen und beides mit einer Prise Salz und Olivenöl im Blitzhacker mixen. Die Zucchini-Päckchen mit dem Petersilienöl beträufeln.

Artischocken mit
Basilikum-Minz-Dip

FÜR: 1 PERSON

Zubereitungszeit: 5 Min.
Koch-/Backzeit: 40 Min.

1 große Artischocke (ca. 200 g)

½ Zitrone

125 g griechischer Joghurt

1 kleine Knoblauchzehe

3 Stängel Basilikum

3 Stängel Minze

Salz

1 Bogen Backpapier

Küchengarn

ZUBEREITUNG

•1•
Den Backofen auf 180 °C (Ober-/Unterhitze) vorheizen.

•2•
Die Artischocke waschen, den Stiel und die Spitze abschneiden. Eine Zitronenscheibe zuschneiden und in die Mitte des Backpapiers legen. Die Artischocke darauf platzieren und das Backpapier zu einem Säckchen zusammenbinden. Im Ofen (Mitte) 40 Minuten backen.

•3•
Joghurt in eine Schüssel geben. Den Knoblauch durch die Presse drücken, die Kräuter fein hacken und mit dem Joghurt verrühren. Mit Zitronensaft und Salz abschmecken. Diesen Dip zur Artischocke servieren.

Feigen-Schafskäse-Päckchen
mit Honig und Minze

FÜR: 4 PERSONEN

Zubereitungszeit: 5 Min.
Koch-/Backzeit: 20–25 Min.

225 g Feigen (ca. 7 kleine Feigen)

1 Schafsmilchkäse (150 g)

1 EL Haselnusskerne

2 EL Honig

3 Stängel Minze

1 Bogen Backpapier

WENIGE ZUTATEN

ZUBEREITUNG

• 1 •
Den Backofen auf 180 °C (Ober-/Unterhitze) vorheizen.

• 2 •
Die Feigen waschen, ihre Stielansätze abschneiden und kreuzförmig ca. 1 cm tief einschneiden. Den Schafsmilchkäse in die Mitte des Backpapiers legen und die Feigen darum herum verteilen.

• 3 •
Die Haselnüsse grob hacken und über Käse und Feigen streuen. Mit Honig beträufeln. Das Backpapier zu einem Bonbon zusammenfalten und im Ofen (Mitte) 20–25 Minuten backen.

• 4 •
Die Minze waschen, trocken schütteln und grob hacken. Das Käsepäckchen öffnen und mit der frischen Minze servieren.

Miesmuscheln in
Safran-Orangen-Sahne

FÜR: 2 PERSONEN

Zubereitungszeit: 5 Min.
Koch-/Backzeit: 15 Min.

300 g Miesmuscheln

200 g Schlagsahne

1 unbehandelte Orange

1 Prise Safranfäden

Salz

Chilifäden, nach Belieben

1 Bogen Backpapier

Küchengarn

ZUBEREITUNG

•1•

Den Backofen auf 200 °C (Ober-/Unterhitze) vorheizen. Die Muscheln unter kaltem Wasser gründlich waschen, dabei offene oder beschädigte Muscheln entfernen und die übrigen in die Mitte des Backpapiers geben.

•2•

Das Backpapier zu einem Päckchen zusammennehmen und die Sahne hineinfüllen. Die Orangenschale fein abreiben und den Saft auspressen. Beides mit Safran und einer Prise Salz in das Päckchen geben und mit Küchengarn verschließen.

•3•

Im Ofen (Mitte) 15 Minuten backen. Das Päckchen öffnen und mit ein paar Chilifäden bestreuen.

TIPP ———————————————————

Muscheln und Meeresfrüchte eignen sich besonders gut für das Garen im Päckchen.

Kürbis mit Kräuterseitlingen
und Salbeibutter

FÜR: 1–2 PERSONEN

Zubereitungszeit: 10 Min.
Koch-/Backzeit: 30 Min.

500 g Hokkaido-Kürbis

1 Knoblauchzehe

1 Schalotte

20 g Butter

100 g Mini-Kräuterseitlinge

4 Stängel Salbei

Salz, Pfeffer

1 Bogen Backpapier

ZUBEREITUNG

• 1 •
Den Backofen auf 210 °C (Ober-/Unterhitze) vorheizen.
Den Kürbis waschen, die Kerne entfernen und in ca.
2 cm große Stücke teilen. Knoblauch und Schalotte
schälen und in Scheiben schneiden. Die Butter würfeln
und die Kräuterseitlinge putzen.

• 2 •
Das Gemüse in die Mitte des Backpapiers legen, die Butter und die Salbeiblätter darauf verteilen und mit Salz
und Pfeffer würzen. Das Backpapier zu einem Päckchen
verschließen und im Ofen (Mitte) 30 Minuten backen.

TIPP ——————————————————————

Statt der Kräuterseitlinge kann man auch andere Pilze
wie Steinpilze oder Pfifferlinge verwenden.

Berliner Zeitung

www.berliner-zeitung.de

abgehängt

nliste der fahrradfreundlichen deutschen Großstädte –
landet die Hauptstadt auf dem vorvorletzten Platz –
ein Problem für den rot-rot-grünen Senat

Vertraue

Von Martin Klesmann

D ie Personalie überraschte selbst enge Parteifreunde. Bildungssenatorin Sandra Scheeres hat auf der Senatssitzung am Dienstag ihre langjährige Pressesprecherin Beate Stoffers als neue Bildungsstaatssekretärin durchgesetzt. Die 51-jährige Stoffers ist eine ihrer engsten Vertrauten, spricht mit der ihr eigenen forschen Art seit dem Amtsantritt der Senatorin im Jahr 2011 für Scheeres. Letztere geizte am Dienstag nicht mit Lobeshymnen auf die

KOLUMNE
Anrüchiges aus dem Baumarkt
AUSLESE
Die Rechten und Europa
Berliner Zeitung
„Ihr Mut sollte uns Ansporn bleiben, gegen Rassismus und Antisemitismus einzustehen, immer und überall.“

Zitronen-Dorade
in Zeitungspapier vom Grill

FÜR: 1-2 PERSONEN

Zubereitungszeit: 5 Min.
Koch-/Backzeit: 15–20 Min.

1 Dorade (ca. 500 g, küchenfertig)

Salz, Pfeffer

1 unbehandelte Zitrone

1 unbehandelte Mandarine

**7 Stängel Berg-Koriander
(oder andere Kräuter)**

2 Bögen Zeitungspapier

WENIGE ZUTATEN

ZUBEREITUNG

• 1 •

Den Grill anheizen. Die Dorade außen und innen mit Salz und Pfeffer würzen. Zitrone und Mandarine in Scheiben schneiden, die Kräuter waschen, trocken schütteln und die Dorade füllen.

• 2 •

Das Zeitungspapier gut wässern und die Dorade darin einschlagen. Auf dem Grill unter regelmäßigem Wenden 15–20 Minuten grillen.

TIPP

Wenn die Dorade gar gegrillt ist, bleibt die Fischhaut am Zeitungspapier kleben. Dafür darf das Zeitungspapier nicht zu trocken werden. Bei Bedarf mit etwas Wasser beträufeln.

Rucola-Blätterteig-Päckchen

mit Birne und Gorgonzola

FÜR: 2 PERSONEN

Zubereitungszeit: 10 Min.
Koch-/Backzeit: 25 Min.

**1 Rolle Blätterteig
(275 g, aus dem Kühlregal)**

1 Birne

2 Handvoll Rucola

75 g Gorgonzola

1 TL Olivenöl

ZUBEREITUNG

·1·
Den Backofen auf 200 °C (Ober-/Unterhitze) vorheizen.

·2·
Den Blätterteig ausrollen und in 4 Stucke teilen. Dic Birne waschen, vierteln und das Kerngehäuse entfernen. Die Birne in schmale Streifen schneiden und jeweils in die Mitte der 4 Blätterteig-Stücke legen. Den Rucola waschen und grob hacken.

·3·
Den Gorgonzola würfeln und mit dem Rucola auf die Blätterteig-Stücke aufteilen. Diese dann zu Päckchen zusammenfalten und auf ein Backblech legen. Mit Olivenöl beträufeln und im Ofen (Mitte) 25 Minuten goldbraun backen.

TIPP ─────────────────

Statt Gorgonzola eignen sich auch Camembert, Brie oder Ziegenkäse.

Würziger Tofu
in Tomaten und Balsamico

FÜR: 1 PERSON

Zubereitungszeit: 5 Min.
Koch-/Backzeit: 25 Min.

150 g Tofu

2 Knoblauchzehen

4 Stängel Thymian

100 g Kirschtomaten

1 EL Kapern

1 EL Olivenöl

2 EL Balsamico-Essig

Salz, Pfeffer

1 Prise Chiliflocken

1 Bogen Backpapier

VEGAN

ZUBEREITUNG

• 1 •

Den Backofen auf 180 °C (Ober-/Unterhitze) vorheizen. Den Tofu etwa einen halben Zentimeter tief ein paar Mal einschneiden. Die Knoblauchzehen schälen, in Scheiben teilen und mit den Thymianstängeln in die Einschnitte stecken.

• 2 •

Die Kirschtomaten waschen, trocknen und halbieren. Die Tomaten mit den Kapern in die Mitte des Backpapiers geben und den Tofu darauflegen. Das Olivenöl und den Balsamico über den Tofu träufeln, mit Salz, Pfeffer und Chiliflocken kräftig würzen.

• 3 •

Das Backpapier zu einem Bonbon zusammendrehen und im Ofen (Mitte) 20 Minuten backen. Das Päckchen öffnen und weitere 5 Minuten backen.

TIPP

Besonders lecker wird der Tofu, wenn er 3–4 Stunden eingelegt wird und erst dann in den Ofen wandert. Dazu Kräuter, Gewürze, Olivenöl und Balsamico über den Tofu geben und im Kühlschrank ruhen lassen.

Halloumi-Päckchen
mit Ofengemüse

FÜR: 2 PERSONEN

Zubereitungszeit: 15 Min.
Koch-/Backzeit: 30 Min.

1 Stange Lauch

1 Petersilienwurzel

200 g Hokkaido-Kürbis

1 rote Paprika

1 EL Olivenöl

Salz, Pfeffer

200 g Halloumi

1 Bogen Backpapier

ZUBEREITUNG

• 1 •
Den Backofen auf 200 °C (Ober-/Unterhitze) vorheizen.

• 2 •
Das Gemüse waschen und trocknen. Den Lauch in ca. 5 Zentimeter lange Stücke schneiden. Die Petersilienwurzel schälen und in Stücke schneiden. Die Kerne des Hokkaido entfernen und mit Schale in Stücke teilen. Die Paprika halbieren, das Kerngehäuse entfernen und in Streifen schneiden.

• 3 •
Das Gemüse in die Mitte des Backpapiers geben, mit Olivenöl beträufeln und mit Salz und Pfeffer würzen. Das Backpapier zu einem Päckchen verschließen und im Ofen (Mitte) 25 Minuten backen.

• 4 •
Den Halloumi in ca. 6 Stücke schneiden. Den Ofen auf Grillfunktion umstellen und das Päckchen öffnen. Den Halloumi auf das Gemüse legen und weitere 5 Minuten grillen.

Gegrilltes Hähnchen-schenkel-Päckchen
mit Paprika, Knoblauch und Schalotten

FÜR: 1 PERSON

Zubereitungszeit: 5–10 Min.
Koch-/Backzeit: 20–25 Min.

2 Schalotten

2 Knoblauchzehen

1 Paprika

1 EL Olivenöl

1 TL Paprikapulver

½ TL Oregano, getrocknet

Salz, Pfeffer

1 Hähnchenschenkel

1 Bogen Backpapier

Küchengarn

ZUBEREITUNG

•1•

Den Grill anfeuern. Schalotten und Knoblauch schälen. Die Schalotten vierteln und den Knoblauch in Scheiben teilen. Die Paprika waschen, halbieren, das Kerngehäuse entfernen und in Streifen schneiden. Das Gemüse in die Mitte des Backpapiers legen.

•2•

Olivenöl, Paprikapulver, Oregano vermischen und kräftig mit Salz und Pfeffer würzen. Den Hähnchenschenkel mit dem Öl einreiben und auf das Gemüse legen. Das übrige Gewürzöl darübergießen und das Backpapier mit Küchengarn zu einem Bonbon verschließen.

•3•

Auf dem Grill unter Wenden 20–25 Minuten grillen.

Whisky-Trauben-Päckchen
mit Orangen-Ricotta

FÜR: 2 PERSONEN

Zubereitungszeit: 5 Min.
Koch-/Backzeit: 10 Min.

250 g Weintrauben

1–2 Zweige Rosmarin

2 TL Honig

4 EL Whisky

1 unbehandelte Orange

150 g Ricotta

1 Prise grobes Salz

1 Bogen Backpapier

ZUBEREITUNG

• 1 •
Den Backofen auf 200 °C (Ober-/Unterhitze) vorheizen.
Die Weintrauben waschen und mit dem Rosmarin, 1 Tee-
löffel Honig und dem Whisky auf das Backpapier geben
und zu einem Päckchen zusammennehmen. Im Ofen
(Mitte) 10 Minuten backen.

• 2 •
Die Schale der Orange fein abreiben und eine Hälfte
auspressen. Den übrigen Honig mit dem Ricotta, dem
Schalenabrieb und dem Orangensaft vermischen.

• 3 •
Die Trauben aus dem Ofen nehmen und mit einer Prise
Salz und dem Ricotta servieren.

Birnen-Brombeer-Päckchen

mit Kokos-Pekan-Crunch

FÜR: 2 PERSONEN

Zubereitungszeit: 20 Min.
Koch-/Backzeit: 25 Min.

2 Birnen

100 g Brombeeren

1 unbehandelte Orange

1 Vanilleschote

2 TL Butter

2 TL Kokosöl

40 g Pekannüsse

50 g Haferflocken

2 TL Honig

2 Bögen Backpapier

ZUBEREITUNG

•1•

Den Backofen auf 200 °C (Ober-/Unterhitze) vorheizen. Die Birnen schälen, das Kerngehäuse entfernen und in Streifen teilen. Die Brombeeren waschen und verlesen.

•2•

Die Orangenschale mit dem Gemüseschäler in Streifen herunterschneiden und den Saft auspressen. Das Obst in die Mitte der Backpapierbögen geben und zu Päckchen zusammennehmen. Die Vanilleschote längs aufschneiden und das Mark herauskratzen.

•3•

Vanilleschote und Mark, Orangenschale und Saft mit der Butter auf die Päckchen verteilen und im Ofen (Mitte) 25 Minuten backen.

•4•

Kokosöl in einer Pfanne erhitzen und die Pekannüsse, grob zerteilt, mit den Haferflocken darin anrösten. Den Honig hinzufügen und umrühren. Den Crunch abkühlen lassen und zum Päckchen servieren.

WINTER

Kartoffel-Lauch Päckchen
in Sahnesauce

FÜR: 1 PERSON

Zubereitungszeit: 5–10 Min.
Koch-/Backzeit: 30 Min.

400 g Kartoffeln, festkochend

1 Stange Lauch (ca. 400 g)

Salz, Pfeffer

100 g Schlagsahne

1 Messerspitze Gemüsebrühe

4 Stängel Thymian

1 Bogen Backpapier

Küchengarn

ZUBEREITUNG

• 1 •
Den Backofen auf 200 °C (Ober-/Unterhitze) vorheizen. Die Kartoffeln schälen und in kleine Würfel teilen. Den Lauch waschen und den weißen Teil (ca. 250 g) in dünne Ringe schneiden.

• 2 •
Das Gemüse auf dem Backpapier verteilen, mit Salz und Pfeffer würzen und das Backpapier zu einem Päckchen zusammennehmen. Schlagsahne, 50 ml Wasser, Gemüsebrühe und den Thymian ins Päckchen geben und mit Küchengarn fest verschließen.

• 3 •
Im Ofen (Mitte) 30 Minuten backen.

Bunter Mini-Blumenkohl
in Kurkuma-Zitronen-Öl

FÜR: 2 PERSONEN

Zubereitungszeit: 5–10 Min.
Koch-/Backzeit: 20-25 Min.

½ **Zitrone**

4 **Stängel Thymian**

20 ml **Sonnenblumenöl**

1 TL **Kurkuma**

Salz, Pfeffer

2 **Mini-Blumenkohl**

2 **Bögen Backpapier**

Küchengarn

ZUBEREITUNG

•1•
Den Backofen auf 200 °C (Ober-/Unterhitze) vorheizen.
Die Zitrone auspressen, die Thymianblättchen von den
Stängeln streifen und beides mit dem Sonnenblumenöl,
Kurkuma, Salz und Pfeffer vermischen.

•2•
Jeweils einen Blumenkohl in die Mitte der Backpapiere
legen, Kurkuma-Öl darüberträufeln und etwas einreiben.
Die Backpapiere zu Säckchen zusammennehmen und
mit dem Küchengarn verschließen.

•3•
Die Päckchen im Ofen (Mitte) 20–25 Minuten backen.

TIPP

Mini-Blumenkohl gibt es in vielen Supermärkten in
Grün, Gelb, Lila und ganz klassisch in Weiß.

Wirsing-Päckchen
mit Schupfnudeln und Schinken

FÜR: 2 PERSONEN

Zubereitungszeit: 15 Min.
Koch-/Backzeit: 15-20 Min.

12 große Blätter Wirsingkohl

100 g Schwarzwälder Schinken

**300 g Schupfnudeln
(aus dem Kühlregal)**

200 g Schlagsahne

Salz, Pfeffer

Küchengarn

WENIGE
ZUTATEN

ZUBEREITUNG

•1•
Den Backofen auf 180 °C (Ober-/Unterhitze) vorheizen.
Die Wirsingblätter in kochendem Wasser blanchieren.
Den Schinken in dünne Streifen schneiden.

•2•
Je zwei Wirsingblatter übereinanderlegen, Schupfnudeln
und Schinken darauf verteilen und die Sahne und je
einen Esslöffel Wasser darübergeben. Salzen und pfeffern
und mit dem Küchengarn zu Päckchen verschnüren.

•3•
Die Päckchen in eine Backform stellen und im Ofen
(Mitte) 15–20 Minuten backen.

TIPP

Beim Blanchieren wird Gemüse kurz mit kochend
heißem Wasser übergossen bzw. gekocht und anschließend kalt abgeschreckt.

Linsen-Wiener-Päckchen
mit Wintergemüse

FÜR: 1–2 PERSONEN

Zubereitungszeit: 10 Min.
Koch-/Backzeit: 35 Min.

1 Dose braune Linsen (400 g)

3 Wiener Würstchen

50 g Lauch

50 g Petersilienwurzel

50 g Karotte

100 g Knollensellerie

2 Stängel Petersilie

100 ml Wasser

Salz, Pfeffer

1 Bogen Backpapier

Küchengarn

ZUBEREITUNG

• 1 •
Den Backofen auf 200 °C (Ober-/Unterhitze) vorheizen.
Die Linsen abtropfen lassen, die Wiener in schmale
Scheiben schneiden.

• 2 •
Das Gemüse waschen, putzen und in kleine Würfel teilen. Die Petersilie waschen, trocken schütteln und grob
hacken.

• 3 •
Alles in die Mitte des Backpapiers geben und zu einem
Päckchen zusammennehmen. Wasser, Salz und Pfeffer
hinzufügen und das Päckchen mit Küchengarn fest verschließen. Im Ofen (Mitte) 35 Minuten backen.

Ananas-Sauerkraut-
Kokos-Vergnügen

VEGAN

FÜR: 2 PERSONEN

Zubereitungszeit: 5–10 Min.
Koch-/Backzeit: 25 Min.

300 g Kartoffeln, festkochend

400 g Ananas

1½ TL Currypulver

1 TL Salz

400 ml Kokosmilch

1 TL Gemüsebrühe

200 g Sauerkraut, abgetropft

4 Stiele Bergkoriander

2 Bögen Backpapier

Küchengarn

TIPP

Statt Koriander kann man auch dünn
geschnittene Frühlingszwiebelringe
verwenden.

ZUBEREITUNG

• 1 •

Den Backofen auf 200 °C (Ober-/Unterhitze) vorheizen.
Die Kartoffeln schälen und in kleine Würfel teilen. Die
Ananas schälen, den harten Strunk herausschneiden und
ebenfalls in kleine Würfel schneiden.

• 2 •

Die Backpapierbögen ausbreiten und Kartoffeln und
Ananas in die Mitte geben. Currypulver, Salz, Kokosmilch und Gemüsebrühe kurz aufkochen und miteinander verrühren.

• 3 •

Das Sauerkraut auf die beiden Päckchen aufteilen und
das Papier oben zusammennehmen. Je die Hälfte der
Kokosmilch-Mischung hineinfüllen und die Päckchen
mit Küchengarn fest verschließen.

• 4 •

Im Ofen (Mitte) 25 Minuten garen. Den Koriander waschen, trocken schütteln und grob hacken. Die fertigen
Päckchen mit Koriander servieren.

Camembert
im Blätterteig

FÜR: 2-4 PERSONEN

Zubereitungszeit: 5 Min.
Koch-/Backzeit: 35 Min.

**1 Rolle Blätterteig
(275 g, aus dem Kühlregal)**

250 g Camembert, am Stück

1 Bogen Backpapier

ZUBEREITUNG

• 1 •
Den Backofen auf 200 °C (Ober-/Unterhitze) vorheizen.
Ein Backblech mit Backpapier belegen.

• 2 •
Den Blätterteig ausrollen und den Camembert in die
Mitte legen. Die Ecken zur Mitte hin einschlagen, sodass
der Käse komplett in Blätterteig eingepackt ist.

• 3 •
Das Päckchen im Ofen (Mitte) 35 Minuten goldbraun
backen.

TIPP

Schmeckt toll mit Marmelade oder Sauerkirschen-
püree. Dazu 120 g Sauerkirschen abtropfen lassen
und im Blitzhacker pürieren. Mit einer Prise Pfeffer
abschmecken.

Kokos-Limetten-Hähnchen
im Bananenblatt

FÜR: 2 PERSONEN

Zubereitungszeit: 10 Min.
Koch-/Backzeit: 15 Min.

2 Knoblauchzehen

1 daumengroßes Stück Ingwer

1 Limette

1 Stange Zitronengras

1 große, mittelscharfe Chili

60 ml Sonnenblumenöl

20 g Kokoschips

1 Prise Salz

500 g Hähnchenbrustfilet

1 Bananenblatt

ZUBEREITUNG

•1•

Den Backofen auf 200 °C (Ober-/Unterhitze) vorheizen. Den Knoblauch und den Ingwer schälen und beide grob in Stücke teilen. Die Limette auspressen. Das Zitronengras und die Chili in kleine Stücke schneiden.

•2•

Knoblauch, Ingwer, Limettensaft, Zitronengras, Chili, Sonnenblumenöl und Kokoschips in einem Blitzhacker zu einer Paste mixen und mit einer Prise Salz würzen. Das Hähnchenbrustfilet in Stücke schneiden und mit der Würzpaste vermischen. Das Hähnchen in die Mitte des Bananenblatts legen und zu einem Päckchen verschließen.

•3•

Im Ofen (Mitte) 15 Minuten backen.

TIPP

Passt super zu Reis und frischem Koriander. Bananenblätter gibt es im Asialaden, oder man kann sie beim Gemüsehändler bestellen.

Weißkohl-Mett
mit Schmand und Petersilie

FÜR: 1-2 PERSONEN

Zubereitungszeit: 10 Min.
Koch-/Backzeit: 30 Min.

250 g Zwiebelmett

400 g Weißkohl

Salz, Pfeffer

½ TL Kümmel

15 g Butter

2 EL Schmand

3 Stiele Petersilie, gehackt

1 Bogen Backpapier

ZUBEREITUNG

·1·
Den Backofen auf 200 °C (Ober-/Unterhitze) vorheizen. Das Zwiebelmett in kleine Stücke teilen. Den Weißkohl waschen und in dünne Streifen schneiden.

·2·
Das Backpapier auslegen und zuerst die Kohlstreifen und dann das Mett in die Mitte legen. Salz, Pfeffer und den Kümmel darüberstreuen und zu einem Päckchen zusammennehmen. Die Butter würfeln und darauf verteilen. 75 ml Wasser hinzufügen und das Päckchen verschließen.

·3·
Im Ofen (Mitte) 30 Minuten backen. Mit Schmand und gehackter Petersilie servieren.

Gefüllte
Sellerie-Steaks
mit Preiselbeeren

FÜR: 1 PERSON

Zubereitungszeit: 5 Min.
Koch-/Backzeit: 25 Min.

25 g Blauschimmelkäse
(z. B. Gorgonzola)

2 dünne Scheiben Sellerie (ca. 100 g)

Salz, Pfeffer

2 EL Preiselbeeren

1 Bogen Backpapier

Küchengarn

WENIGE ZUTATEN

ZUBEREITUNG

•1•
Den Backofen auf 200 °C (Ober-/Unterhitze) vorheizen.
Den Blauschimmelkäse zwischen die Sellerie-Scheiben
legen und mit Salz und Pfeffer würzen.

•2•
Das Sellerie-Steak in Backpapier einschlagen, mit
Küchengarn verschnüren und im Ofen (Mitte)
25 Minuten backen. Mit Preiselbeeren servieren.

TIPP ————————————————

Auch lecker mit Kürbis- oder Blumenkohlscheiben.

Scholle mit Orangenbutter
und Fenchel

FÜR: 2–4 PERSONEN

Zubereitungszeit: 10 Min.
Koch-/Backzeit: 25 Min.

1 Fenchel (300 g)

1 unbehandelte Orange

Salz, Pfeffer

**1 Mai-Scholle (ca. 400 g),
ersatzweise eine andere Scholle**

25 g Butter

1 Bogen Backpapier

WENIGE
ZUTATEN

ZUBEREITUNG

• 1 •
Den Backofen auf 200 °C (Oben-/Unterhitze) vorheizen.
Den Fenchel waschen, putzen und in Stücke teilen. Die
Orange in Scheiben schneiden.

• 2 •
Den Fenchel in die Mitte des Backpapiers geben, mit
Salz und Pfeffer würzen und die Scholle darauflegen. Die
Orangenscheiben auf der Scholle platzieren und die But-
ter in Stücken darauf verteilen. Nochmals mit Salz und
Pfeffer würzen.

• 3 •
Das Backpapier zu einem Bonbon zusammendrehen
und im Ofen (Mitte) 20 Minuten backen. Das Päckchen
öffnen, den Ofen auf Grillfunktion umstellen und
weitere 5 Minuten garen, bis die Orangen und der Fisch
leicht knusprig sind.

Lachs-Päckchen
mit Zitronen-Couscous

FÜR: 1 PERSON

Zubereitungszeit: 5 Min.
Koch-/Backzeit: 15 Min.

1 unbehandelte Zitrone

50 g Couscous

1 TL Gemüsebrühe

1 Lachsfilet (ca. 175 g)

Salz, Pfeffer

1 Bogen Backpapier

Küchengarn

WENIGE ZUTATEN

ZUBEREITUNG

· 1 ·
Den Backofen auf 200 °C (Ober-/Unterhitze) vorheizen.
Die Zitrone waschen und in dünne Scheiben schneiden.
Die Hälfte der Zitronenscheiben in die Mitte des Back-
papiers legen und den Couscous darauf verteilen.

· 2 ·
Die Gemüsebrühe in 200 ml heißem Wasser auflösen.
Das Lachsfilet auf den Couscous legen, mit Salz und
Pfeffer würzen und mit den übrigen Zitronenscheiben
belegen.

· 3 ·
Das Backpapier zu einem Päckchen zusammennehmen
und die Brühe einfüllen. Das Päckchen mit Küchengarn
verschließen und im Ofen (Mitte) 15 Minuten backen.

TIPP ─────────────────────────────

Mit frischen Kräutern wie Dill, Petersilie oder Kresse
bestreut servieren.

Apfel-Brot-Päckchen

mit Speck, Salbei und Zwiebeln

FÜR: 1-2 PERSONEN

Zubereitungszeit: 10 Min.
Koch-/Backzeit: 30 Min.

1 kleiner, saurer Apfel

1 Brötchen

1 kleine, rote Zwiebel

60 g Rohschinken,
geräuchert und gewürfelt

15 g Butter

2–3 Stängel Salbei

1 Bogen Backpapier

ZUBEREITUNG

• 1 •
Den Backofen auf 200 °C (Ober-/Unterhitze) vorheizen. Den Apfel waschen, vierteln, das Kerngehäuse entfernen und in schmale Scheiben teilen. Das Brötchen in kleine Würfel schneiden. Die Zwiebel schälen und in schmale Ringe teilen.

• 2 •
Apfel, Zwiebel und Brötchen vermischen und in die Mitte des Backpapiers geben. Die Schinkenwürfel und die Butter in kleinen Flocken darauf verteilen. Den Salbei hinzufügen und das Papier zu einem Bonbon verschließen.

• 3 •
Das Apfel-Päckchen im Ofen (Mitte) 30 Minuten backen.

Glüh-Früchtchen
in Portwein mit weihnachtlichen Gewürzen

FÜR: 2 PERSONEN

Zubereitungszeit: 5-10 Min.
Koch-/Backzeit: 15–20 Min.

2 Orangen

2 kleine Birnen

100 g Brombeeren (TK, aufgetaut)

2 EL brauner Zucker

2 Zimtstangen

1 TL Nelken

125 ml Portwein, vegan

2 Bögen Backpapier

Küchengarn

ZUBEREITUNG

• 1 •
Den Backofen auf 180 °C (Ober-/Unterhitze) vorheizen. Eine Orange filetieren, die andere auspressen. Die Birnen schälen, die Kerngehäuse entfernen und in Scheiben teilen. Die Brombeeren waschen und verlesen.

• 2 •
Die Backpapierbögen ausbreiten und das Obst in die Mitte legen. Den Zucker und die Gewürze darauf verteilen und die Papiere zu Säckchen zusammennehmen.

• 3 •
Je die Hälfte des Portweins und des Orangensafts in die Päckchen füllen und mit Küchengarn fest verschließen. Im Ofen (Mitte) 15–20 Minuten backen.

Das Team

DIE AUTORIN

Sandra Schumann ist Autorin und Food-Stylistin. Nach Ausflügen in die Food-Fotografie führte die Leidenschaft fürs Kulinarische die gebürtige Berlinerin nach Paris. Dort schrieb und gestaltete sie Kochbücher für internationale Verlage, kreierte Rezepte für Zeitschriften und arbeitete als Food-Stylistin für Werbekunden. Seit 2015 ist Sandra wieder in Berlin zu Hause und arbeitet mit Werbekunden, Verlagen und Fotografen an allem, was schmeckt.
www.sandraschumann.com

DIE FOTOGRAFEN

Julia Schmidt ist Teil des Fotografenteams *JUNI*. Sie liebt neben Streifzügen durch die Natur gutes Essen und inspirierende Reisen. In Finnland lernte sie **Nikolas Hagele** 2010 auf einer Fotografenexkursion im Rahmen der Ausbildung kennen. Dort starteten die beiden bereits mit den ersten gemeinsamen Projekten und sind seitdem viel herumgekommen: Pizza in London, Sterneküche in der Schweiz und Milchbauern auf der Alm. Im Juni 2017 gründeten sie die GbR *JUNI* mit Sitz in Berlin und Augsburg. In ihrem Berliner Studio entstanden die Bilder zu *In Hülle und Fülle*.
Die Schwerpunkte der Fotografie von *JUNI* sind Food, Interior, Produkt und Porträt.
www.juni-fotografen.com

HINTER DER KAMERA

Bunt wollten wir sie haben, unsere Päckchen, das hatten wir uns vorgenommen. Frühling, Sommer, Herbst und Winter sollten neben leckeren, saisonalen Zutaten auch optisch knackig daherkommen. Also ran an Pinsel, Sprühdosen und Farbroller – das war unser Motto. Dank des schönen Studiogartens in Berlin-Friedrichshain blieben Wände und Boden im Studio weitestgehend verschont, aber Jeans, Jacken, Haare und Hände verrieten immer deutlich, in welcher Jahreszeit wir uns gerade befanden. So haben wir uns bunt durchs Jahr gekocht und gebacken, unsere Päckchen mit Freunden und Nachbarn geteilt und über die eine oder andere Farbpanne gelacht. Nicht jeder Lack und jede Farbe hält an Besteck und Pressholzplatten, und viele Farbkombinationen ergeben am Ende braun.

Bedanken möchten wir uns bei unseren fleißigen Mit-Verkostern, Ideengebern und Unterstützern in allen Lebenslagen. Vielen Dank Martin – ohne dich geht's einfach nicht! Astrid, danke für die Bildabnahmen, Nikolas fürs kreative Auge und allen anderen Mit-Anpackern!

„FISCH MUSS SCHWIMMEN"

Die Idee für das Zeitungspapier-Päckchen vom Grill hatten wir online entdeckt und waren Feuer und Flamme beim Nachkochen. Das Päckchen leider auch. Denn wir hatten es im ersten Versuch zu wenig gewässert. Eine beherzte Ladung Wasser hat Schlimmeres verhindert. Fazit: Zeitungspapier-Päckchen wirklich gut wässern, dann klappt's und wird lecker.

Register

Impressum

© 2019 Verlag Georg D.W. Callwey GmbH & Co. KG
Streitfeldstraße 35, 81673 München
buch@callwey.de
Tel.: +49 89 436005-0
www.callwey.de
www.facebook.com/callwey
www.instagram.com/callwey

ISBN 978-3-7667-2435-9
1. Auflage 2019

Bibliografische Information der Deutschen Nationalbibliothek. Die Deutsche Nationalbibliothek verzeichnet
diese Publikation in der Deutschen Nationalbibliografie;
detaillierte bibliografische Daten sind im Internet
über <http://dnb.d-nb.de> abrufbar.

Das Werk einschließlich aller seiner Teile ist urheber-
rechtlich geschützt. Jede Verwertung außerhalb der
engen Grenzen des Urheberrechtsgesetzes ist ohne
Zustimmung des Verlages unzulässig und strafbar. Das
gilt insbesondere für Vervielfältigungen, Übersetzungen,
Mikroverfilmungen und die Einspeicherung und Verar-
beitung in elektronischen Systemen.

Dieses Buch wurde in CALLWEY-QUALITÄT für Sie
hergestellt:
Bei der Materialauswahl und den Möglichkeiten der
Buchveredelung überlässt das Callwey-Team nichts
dem Zufall. So berücksichtigen wir die Gestaltung und
Bildsprache jedes einzelnen Titels individuell. Denn
dieser ganz besondere Inhalt soll nicht einfach nur schön
gedruckt werden, die Buchseiten müssen sich auch gut
anfühlen. Beim Inhaltspapier dieses Buchs haben wir
uns für ein Magno matt in 150 g/m² entschieden – ein
matt gestrichenes Volumen Bilderdruckpapier. Die
gestrichene, matte Oberfläche gibt unseren Bildern den
gewünschten Charakter und bringt die bekannte Callwey-
Bildsprache optimal zur Geltung. Die Hardcover-
Gestaltung spricht für sich, hier kommt das Buch ohne
zusätzliche Veredelung aus.

Dieses Buch wurde in Deutschland gedruckt und gebun-
den bei optimal media GmbH in Röbel/Müritz.

Viel Freude mit diesem Buch wünschen Ihnen:

Projektleitung: Tina Freitag
Lektorat: Karin Heimberger-Preisler,
München
Herstellung: Oliver Meier
Umschlaggestaltung, Layout und
Satz: Sina Chakoh, Münster